W0068486

Georg Schwikart

Die Feier der Taufe

Informationen
Texte
Gestaltungsvorschläge

Lahn-Verlag

Quellennachweis

Text: S. 11: Die Ständige Kommission für die Herausgabe der gemeinsamen liturgischen Bücher im deutschen Sprachgebiet erteilte für die aus diesen Büchern entnommenen Texte die Abdruckerlaubnis.
Fotos: Umschlag: © Mr. Sister – Fotolia.com; S. 5: © Dalia Drulia – Fotolia.com; S. 15: © b_sonders – Fotolia.com; S. 21: Julia Straub; S. 27: © Reicher – Fotolia.com

Bibliografische Information der Deutschen Nationalbibliothek

Die Deutsche Nationalbibliothek verzeichnet diese Publikation in der Deutschen Nationalbibliografie; detaillierte bibliografische Daten sind im Internet über http://dnb.d-nb.de abrufbar.

Das Gesamtprogramm des Lahn-Verlags finden Sie im Internet unter www.lahn-verlag.de

ISBN 978-3-7840-3528-4

Aktualisierte Neuausgabe 2015

© 2006/2015 Lahn-Verlag in der Butzon & Bercker GmbH, Hoogeweg 100, 47623 Kevelaer, Deutschland, www.lahn-verlag.de
Alle Rechte vorbehalten.
Lektorat: Maria Groothusen, Kevelaer
Umschlaggestaltung: Elisabeth von der Heiden, Geldern
Satz: SATZstudio Josef Pieper, Bedburg-Hau
Druck: linsen druckcenter, Kleve
Printed in Germany

Inhalt

„Willkommen auf Erden, kleines Menschenkind!"

Was die Taufe ausdrücken will

Ein Kind ist zur Welt gekommen! Neun Monate lang wuchs es im Bauch seiner Mutter. Ganz am Anfang war es noch kleiner als ein Reiskorn. Wenn das Baby dann geboren wird, hat es alles, was Menschen haben: Kopf und Bauch, zwei Arme und zwei Beine, Ohrläppchen und Fingernägel. Und in seinem Leib pocht ein kleines Herz.

Das Kind ist da! Alle freuen sich. Jeder möchte das Kind einmal auf dem Arm halten, sehen, wie es seine Äuglein aufmacht, wie es gähnt und vielleicht lächelt. Die Geburt eines Kindes hat immer wieder etwas Wunderbares an sich: Das Neugeborene ist ein Zeichen dafür, dass das Leben allen Widerwärtigkeiten zum Trotz weitergeht. In seiner Hilflosigkeit mahnt es Pflege an und erinnert an unsere Verantwortung: Alles, was wir tun und lassen, hat Auswirkungen auf Generationen hinaus.

Für Partner ist das gemeinsame Kind etwas so intensiv Verbindendes wie nichts anderes. Da steckt die Mutter drin, da findet man den Vater wieder – und doch ist das Kind etwas Eigenes, Neues, nie Dagewesenes: ein eigener Mensch. Nun möchte die Familie zum Ausdruck bringen: „Das Neugeborene gehört zu uns! Wir sind bereit, für das Kind zu sorgen, es zu erziehen und ins Leben hinein zu geleiten." Auch wenn der Säugling noch nicht laufen und sprechen kann, lernt er jeden Tag etwas dazu. Das Baby entdeckt die Welt. Es soll auch Gott kennenlernen. Deswegen bringen es die Eltern zur Kirche; dort wird es getauft.

Die Taufe ist ein Sakrament. Ein Sakrament ist ein Zeichen des Glaubens. Wir Christen glauben: Gott will den Menschen nah sein. Das wollen die Zeichen des Glaubens spürbar machen, erfahrbar mit all unseren Sinnen. Dabei werden einfache Dinge zu Symbolen der Größe Gottes: Wasser und Öl, Brot und Wein, Licht und Farben. Einfache Gesten sprechen von Gott: das Kreuzzeichen, die aufgelegte Hand. Einfache Gebete sprechen es aus: Gott will bei den Menschen sein.

Wir feiern die Sakramente, um Gott in unserem Leben einen Platz zu geben, um uns daran zu erinnern, dass Gott die Mitte unseres Lebens ist. Manche Sakramente können wir wie die Nahrung häufig empfangen, andere – wie die Taufe – nur einmal, wie wir auch nur einmal geboren wurden und nur einmal sterben werden. Jesus Christus selbst hat uns die Sakramente als Zusagen Gottes geschenkt.

Die Botschaft der Taufe lautet: Ein Mensch wird in die Gemeinschaft mit Gott aufgenommen und in der Kirche willkommen geheißen, der weltumspannenden Bewegung jener, die Gott in ihr Leben hineinlassen. Im Evangelium lesen wir, wie Jesus Christus als Auferstandener gesagt hat: „Gott hat mir unbeschränkte Vollmacht im Himmel und auf der Erde gegeben. Darum geht nun zu allen Völkern der Welt und macht die Menschen zu meinen Jüngern und Jüngerinnen! Tauft sie im Namen des Vaters und des Sohnes und des Heiligen Geistes und lehrt sie, alles zu befolgen, was ich euch aufgetragen habe. Und das sollt ihr wissen: Ich bin immer bei euch, jeden Tag, bis zum Ende der Welt" (vgl. Matthäus 28,18–20).

Christ kann man nicht für sich allein sein. Alle getauften Christen sollen zusammenhalten, füreinander einstehen, miteinander den Weg des Glaubens gehen. An unsere Taufe erinnert uns das Weihwasser, mit dem wir ein Kreuzzeichen machen, wenn wir eine Kirche betreten. Wir gehören zur großen Gemeinschaft der Kirche, die mehr ist als ein Gebäude aus Steinen. Sie ist der lebendige Tempel Gottes in dieser Welt, erbaut aus Menschen, die ihm vertrauen. Die Mitgliedschaft in der Kirche bringt Rechte und Pflichten. Die Taufe ist ein Schritt in das Leben und ein Schritt in den Glauben hinein. Noch viele weitere Schritte werden folgen. – In der Taufe wird also

- die Geburt des Kindes im Kreis der Erdenbürger gefeiert,
- ihm offiziell der Name gegeben,
- die Mitgliedschaft in der Kirche erworben und
- ihm die Zusage Gottes gemacht, es voll und ganz anzunehmen.

Das Zauberwort, das jede Taufe verheißt, lautet: Zukunft! Wir dürfen sie mitgestalten, wir dürfen ihr vertrauen, weil Gott mit uns unterwegs ist!

Darüber kann man reden

Fragen rund um die Taufe

Hat man zu begründen, warum das Kind getauft werden soll? Es hieße, die Bedeutung der Taufe gering zu schätzen, würden die Eltern sie allein aus Gründen der Familientradition erbitten oder aus Sorge, das Kind bekäme sonst keinen Kindergartenplatz. Es sind keine großen religiösen Bekenntnisse notwendig, allein der aufrichtige Wunsch, das Kind Gott anzuvertrauen, es unter seinen Segen zu stellen und es in den Glauben der katholischen Kirche einzuführen.

Wann ist der richtige Zeitpunkt, das Kind zu taufen? Die Zeiten, da man das Kind möglichst rasch nach der Geburt taufen ließ – aus Angst, Ungetaufte, die plötzlich sterben, kämen nicht in den Himmel –, sind vorbei. Heute soll die ganze Familie gemeinsam das Fest erleben; deswegen kann man in Absprache mit dem Pfarramt einen Termin wählen, der allen passt. Im Hinblick auf eine „offizielle Begrüßung" des Kindes sollte die Taufe nicht zu lange aufgeschoben werden.

Müssen die Eltern verheiratet sein, um das Kind taufen zu lassen? Das ist keine Bedingung, doch wird der Seelsorger beim Vorgespräch vielleicht fragen, warum keine Ehe geschlossen, also eine auf Dauer angelegte Beziehung begründet wurde, die dem Kind beim Heranwachsen Rahmen und Halt zu geben vermag.

Was ist, wenn nicht beide Eltern katholisch sind? Wenn beide Eltern nicht katholisch sind, also einer anderen Konfession oder Religion angehören, oder nicht getauft oder aus der Kirche ausgetreten sind, stellt sich die Frage: Wer wird denn dann für die religiöse Erziehung verantwortlich sein? Mindestens einer der Paten muss in der Lage sein, für die religiöse Erziehung des Kindes sorgen zu können. Im Zweifelsfall kann geraten werden, die Taufe noch aufzuschieben.

Kann das Kind nur in der Pfarrgemeinde des Wohnorts getauft werden? Die Taufe im Wohnort ist sinnvoll, doch ist sie auch in einer anderen Pfarrgemeinde möglich. Das muss aber mit dem zuständigen Pfarramt der Wohnortgemeinde abgesprochen werden.

Wie läuft die Taufe ab? Eine Kurzfassung des Taufrituals findet sich in dieser Handreichung. Der Leiter des Gottesdienstes (Priester oder Diakon) wird „Regieanweisungen" geben (aufstehen, setzen, zum Taufbecken schreiten, die Kerze anzünden), sodass man keine Furcht haben muss, etwas falsch zu machen.

Kann man sich an der Gestaltung der Feier beteiligen? Aber gern: Es sind nach Absprache Lieder auszusuchen, Fürbitten zu formulieren und während des Gottesdienstes Texte vorzutragen.

Wird ein Kind allein getauft oder mit anderen zusammen? Die katholischen Pfarrgemeinden befinden sich derzeit in einer Phase der Umstrukturierung; vielerorts werden mehrere Pfarreien zusammengelegt. So ist es fast die Regel, dass feste Tauftermine bestehen (beispielsweise der erste Samstag im Monat), an denen dann auch mehrere Kinder das Sakrament gespendet bekommen.

Darf während der Tauffeier fotografiert oder gefilmt werden? Das muss unbedingt vorher abgesprochen werden. Viele Fotografen machen aus der Taufe eine Art Medienereignis; das stört den Charakter der heiligen Feier. Die Erlaubnis steht dem Leiter des Gottesdienstes zu, der vielleicht bittet, erst am Ende Fotos am Taufbecken zu machen.

Was kostet die Taufe? Grundsätzlich sind Amtshandlungen für Mitglieder der Kirche frei. Es kann sein, dass die Pfarrei einen kleinen Obolus erbittet.

Ist ein weißes Taufkleid notwendig? Nein, es gehört zu den ausdeutenden Symbolen der Taufe. Ein Taufkleid unterstreicht die Feierlichkeit des Sakraments und gehört zu den umrankenden Traditionen, ist aber nicht entscheidend für die Gültigkeit der Taufe.

Was ist mit den anderen Fragen, die man noch hat? Vor der Taufe werden die Eltern vom Seelsorger zu einem Taufgespräch eingeladen. Dabei können alle offenen Fragen besprochen werden. Möglicherweise entwickeln sich ja gute Glaubensgespräche, in denen Zweifel und Kritik zur Sprache kommen wie auch alle praktischen Dinge, die noch unklar sind.

„Ich habe dich bei deinem Namen gerufen …"

Die Bedeutung des Namens und seines Patrons

Ein Mensch ist kein Massenprodukt, sondern ein unverwechselbares Individuum; keine zwei Menschen haben die gleichen Fingerabdrücke. Ausdruck der Würde des Menschen ist sein Name.

Den Nachnamen erbt er von seiner Familie, den Vornamen wählen ihm die Eltern aus. Vielleicht geben sie dem Kind mehrere Vornamen und knüpfen damit an altes Brauchtum an; die Vornamen der Großeltern oder Taufpaten zeigen beispielsweise, dass man nicht geschichtslos lebt, sondern in eine Generationenfolge eingebunden ist.

Der Rufname jedoch ist von großer Bedeutung. Er kennzeichnet einen Menschen, wird eins mit ihm. Deswegen verwenden die Eltern Mühe auf eine geeignete Wahl. Bei der Suche sollte man sich nicht von Modetrends leiten lassen, denn diese wechseln rasch, neue Namen sind „out" und alte Namen kommen zu neuen Ehren. Ein Name muss zum ganzen Menschen passen, nicht nur zum „süßen" Baby. Und traditionell macht der Vorname das Geschlecht seines Trägers deutlich. Doch nicht allein der sprachliche Wohlklang eines Namens ist ausschlaggebend.

Christen entscheiden sich gern für den Namen eines heiligen Namenspatrons – selbstverständlich sind auch dessen Abwandlungen, landschaftliche oder fremdsprachliche Formen möglich. Es ist interessant (und für die Namenswahl vielleicht hilfreich) zu erfahren, wer dieser Namenspatron war. Neben dem gesicherten historischen Wissen gibt es oft ausschmückende Legenden, die die Wertschätzung des Patrons verdeutlichen wollen. Schließlich mag auch eine Rolle spielen, welche berühmten Träger diesen Vornamen sympathisch machen, etwa Künstler, Musiker oder Wissenschaftler.

Die meisten Namen haben eine ursprüngliche Bedeutung. Sie kann dem Kind eine Botschaft mitgeben. Der Namenstag wird für das getaufte Kind ein jährlicher Anlass zur Erinnerung an seine Taufe und die damit verbundene Würde, einen Namen zu tragen, mit dem Gott es ruft.

Begleiter auf dem Glaubensweg

Die Taufpaten

Früher einmal waren die Paten eine Art Lebensversicherung für das getaufte Kind. Sie sollten es im Fall des Todes seiner Eltern bei sich aufnehmen. Heute wäre das materielle Überleben durch die sozialen Sicherungssysteme unserer Gesellschaft auch ohne Paten gewährleistet. Dennoch haben die Taufpaten in der modernen Zeit eine verantwortungsvolle Aufgabe, nämlich die Eltern in der Erziehung des Kindes zu unterstützen. Da geht es nicht um große Geschenke, sondern um Zeit: Die Paten haben Zeit für ihr Patenkind und schaffen Vertrauen, damit sie Bezugspersonen außerhalb der Kernfamilie werden können. Kinder, vor allem Jugendliche, schätzen einen Vertrauten, der nicht ins „Alltagsgeschäft der Erziehung" verwickelt ist. Im besten Fall können Paten Ansprechpartner für Sorgen und Probleme sein, die das Kind nicht direkt mit seinen Eltern besprechen möchte.

Vor allem aber sollen die Paten das Kind auf dem Weg des Glaubens begleiten. Sie können Impulse in der religiösen Erziehung setzen, von Gott erzählen, Fragen beantworten und auch für Diskussionen bereitstehen. Von den Paten bekommt das Kind vielleicht sein erstes Gebetbuch, eine Bibel oder ein Kreuzchen geschenkt; sie gehen mit ihm in den Gottesdienst, feiern mit ihm Erstkommunion, Firmung und später einmal Hochzeit.

Wenn der Säugling getauft wird, bekennen die Paten stellvertretend für das Kind den Glauben. Später suchen sie geeignete Wege, dem Kind diesen Glauben bekannt zu machen. Daher muss ein Pate selbst einen Stand im katholischen Glauben haben. Um zum Patenamt zugelassen zu werden, sind also Taufe, Firmung und Mitgliedschaft in der Kirche notwendig, außerdem ein Mindestalter von 16 Jahren und die faktische Befähigung, für die religiöse Erziehung sorgen zu können. Wenn diese Voraussetzungen nicht gegeben sind, kann jemand nur „Taufzeuge" sein. Taufpaten sollen das Vertrauen der Eltern genießen und in einem Alter sein, in dem sie ihren Verpflichtungen nachkommen können.

Heilige Worte und Zeichen

Auszug aus dem Ritual der Taufe

Eröffnung der Feier

Fragen an Eltern und Paten

Der Leiter des Gottesdienstes (der Priester oder Diakon) wird hier „Zelebrant" genannt; das Wort „zelebrieren" bedeutet: „feierlich begehen". Der Zelebrant bittet die Eltern, öffentlich auszusprechen, welchen Namen sie ihrem Kind gegeben haben und was sie ihm erbitten. Er kann das mit eigenen Worten tun oder in der hier folgenden Weise:

Zelebrant: Welchen Namen haben Sie Ihrem Kind gegeben?
Eltern: N.
Zelebrant: Was erbitten Sie von der Kirche Gottes für N.?
Eltern: Die Taufe.

Zelebrant: Liebe Eltern, Sie möchten, dass N. getauft wird. Das bedeutet für Sie: Sie sollen Ihr Kind im Glauben erziehen und es lehren, Gott und den Nächsten zu lieben, wie Jesus es vorgelebt hat. Sie sollen mit ihm beten und ihm helfen, seinen Platz in der Gemeinschaft der Kirche zu finden. Sind Sie dazu bereit?
Eltern: Ich bin bereit.

Zelebrant: Liebe Paten, die Eltern dieses Kindes haben Sie gebeten, das Patenamt zu übernehmen. Sie sollen Ihr Patenkind auf dem Lebensweg begleiten, es im Glauben mittragen und es hinführen zu einem Leben in der Gemeinschaft der Kirche. Sind Sie bereit, diese Aufgabe zu übernehmen und damit die Eltern zu unterstützen?
Paten: Ich bin bereit.

Zelebrant: Liebe Brüder und Schwestern, dieses Kind soll einmal selbst auf den Ruf Jesu Christi antworten. Dazu braucht es die Gemeinschaft der Kirche, dazu braucht es unsere Mithilfe und Begleitung. Für diese Aufgabe stärke uns Gott durch seinen Heiligen Geist.

Bezeichnung mit dem Kreuz

Zelebrant: N., mit großer Freude empfängt dich die Gemeinschaft der Glaubenden. Im Namen der Kirche bezeichne ich dich mit dem Zeichen des Kreuzes.

Der Zelebrant bezeichnet das Kind mit dem Zeichen des Kreuzes auf der Stirn, dann lädt er auch Eltern, Paten und Geschwister ein, dasselbe zu tun.

Wortgottesdienst

Lesung aus der Heiligen Schrift und Ansprache

Anrufung der Heiligen

Zelebrant: Wer getauft wird, wird aufgenommen in die Gemeinschaft der Heiligen, die uns im Glauben vorangegangen sind und bei Gott für uns eintreten. Deshalb rufen wir jetzt miteinander die Heiligen an, vor allem die Namenspatrone des Kindes.

Zelebrant: Heilige Maria, Mutter Gottes,	*Alle:* bitte für uns.
Zelebrant: Heiliger Johannes der Täufer,	*Alle:* bitte für uns.
Zelebrant: Heiliger Josef,	*Alle:* bitte für uns.
Zelebrant: Heiliger Petrus und heiliger Paulus,	*Alle:* bittet für uns.
Zelebrant: Alle Heiligen Gottes,	*Alle:* bittet für uns.

Fürbitten

Salbung mit Katechumenenöl oder Handauflegung

Zelebrant: Durch diese Salbung stärke und schütze dich die Kraft Christi, des Erlösers, der lebt und herrscht in alle Ewigkeit.
Alle: Amen.

Das Kind wird mit dem Katechumenenöl gesalbt.

Wenn die Salbung nicht vorgenommen wird, spricht der Zelebrant:

Zelebrant: Es stärke und schütze dich die Kraft Christi, des Erlösers, der lebt und herrscht in alle Ewigkeit.
Alle: Amen.

Danach legt der Zelebrant dem Kind schweigend die Hände auf.

Tauffeier

Die Taufe findet für gewöhnlich am Taufbrunnen statt. Wenn dort nicht alle Mitfeiernden Platz finden, kann die Taufe auch an einer anderen geeigneten Stelle der Kirche gespendet werden. Die Taufgemeinde begibt sich zum Ort der Taufspendung. Wenn die Taufe an der Stelle gespendet wird, wo der Wortgottesdienst stattgefunden hat, treten die Eltern und Paten heran, die übrigen Anwesenden bleiben an ihrem Platz.

Lobpreis und Anrufung Gottes über dem Wasser

Absage und Glaubensbekenntnis

Zelebrant: Liebe Eltern und Paten, Gott liebt Ihr Kind und schenkt ihm durch den Heiligen Geist im Wasser der Taufe das neue Leben. Damit dieses göttliche Leben vor der Sünde bewahrt bleibt und beständig wachsen kann, sollen Sie Ihr Kind im Glauben erziehen. Wenn Sie, kraft Ihres Glaubens und im Gedenken an Ihre eigene Taufe, bereit sind, diese Aufgabe zu erfüllen, so sagen Sie nun dem Bösen ab und bekennen Sie Ihren Glauben an Jesus Christus, den Glauben der Kirche, in dem Ihr Kind getauft wird.

Zelebrant: Widersagt ihr dem Bösen, um in der Freiheit der Kinder Gottes zu leben?
Eltern und Paten: Ich widersage.
Zelebrant: Widersagt ihr den Verlockungen des Bösen, damit die Sünde nicht Macht über euch gewinnt?
Eltern und Paten: Ich widersage.
Zelebrant: Widersagt ihr dem Satan, dem Urheber des Bösen?
Eltern und Paten: Ich widersage.
Zelebrant: Glaubt ihr an Gott, den Vater, den Allmächtigen, den Schöpfer des Himmels und der Erde?
Eltern und Paten: Ich glaube.
Zelebrant: Glaubt ihr an Jesus Christus, seinen eingeborenen Sohn, unseren Herrn, der geboren ist von der Jungfrau Maria, der gelitten hat, gestorben ist und begraben wurde, von den Toten auferstand und zur Rechten des Vaters sitzt?
Eltern und Paten: Ich glaube.
Zelebrant: Glaubt ihr an den Heiligen Geist, die heilige katholische Kirche, die Gemeinschaft der Heiligen, die Vergebung der Sünden, die Auferstehung der Toten und das ewige Leben?
Eltern und Paten: Ich glaube.

Die Gemeinde kann mit dem Glaubensbekenntnis oder einem Glaubenslied ihre Zustimmung ausdrücken. Dazu lädt der Zelebrant etwa mit folgenden Worten ein:

Zelebrant: Das ist unser Glaube, der Glaube der Kirche, zu dem wir uns jetzt gemeinsam bekennen:

Alle: Ich glaube an Gott, den Vater, den Allmächtigen, den Schöpfer des Himmels und der Erde, und an Jesus Christus, seinen eingeborenen Sohn, unsern Herrn, empfangen durch den Heiligen Geist, geboren von der Jungfrau Maria, gelitten unter Pontius Pilatus, gekreuzigt, gestorben und begraben, hinabgestiegen in das Reich des Todes, am dritten Tage auferstanden von den Toten, aufgefahren in den Himmel; er sitzt zur Rechten Gottes, des allmächtigen Vaters; von dort wird er kommen, zu richten die Lebenden und die Toten. Ich glaube an den Heiligen Geist, die heilige katholische Kirche, Gemeinschaft der Heiligen, Vergebung der Sünden, Auferstehung der Toten und das ewige Leben. Amen.

Taufe

Der Zelebrant bittet die Familie, an den Taufbrunnen heranzutreten. Nach Möglichkeit sollte jetzt die Mutter das Kind tragen. Gegebenenfalls werden die Kinder jetzt entkleidet. Der Zelebrant spricht zu den Eltern und Paten:

Zelebrant: Liebe Familie N., nachdem wir jetzt gemeinsam den Glauben der Kirche bekannt haben, frage ich Sie: Wollen Sie, dass Ihr Kind nun in diesem Glauben die Taufe empfängt?
Eltern und Paten: Ja (wir wollen es).

Der Zelebrant schöpft Wasser aus dem Taufbecken und übergießt das Kind mit Wasser. Dabei spricht er:

Zelebrant: N., ich taufe dich im Namen des Vaters *(erstes Untertauchen oder Übergießen)* und des Sohnes *(zweites Untertauchen oder Übergießen)* und des Heiligen Geistes *(drittes Untertauchen oder Übergießen).*

Salbung mit Chrisam

Zelebrant: Der allmächtige Gott, der Vater unseres Herrn Jesus Christus, hat dich von der Schuld Adams befreit und dir aus dem Wasser und dem Heiligen Geist neues Leben geschenkt. Aufgenommen in das Volk Gottes, wirst du nun mit dem heiligen Chrisam gesalbt, damit du für immer Glied Christi bleibst, der Priester, König und Prophet ist in Ewigkeit.
Alle: Amen.

Danach salbt der Zelebrant das Kind schweigend mit Chrisam auf den Scheitel.

Bekleidung mit dem weißen Taufgewand

Zelebrant: N., in der Taufe bist du eine neue Schöpfung geworden und hast – wie die Schrift sagt – Christus angezogen. Das weiße Gewand sei dir ein Zeichen für diese Würde. Bewahre sie für das ewige Leben.

Übergabe der brennenden Kerze

Zelebrant: Empfange das Licht Christi.

Der Vater oder jemand anderes aus der Familie entzündet die Taufkerze an der Osterkerze.

Zelebrant: Liebe Eltern und Paten, Ihnen wird dieses Licht anvertraut. Christus, das Licht der Welt, hat Ihr Kind erleuchtet. Es soll als Kind des Lichtes leben, sich im Glauben bewähren und dem Herrn und allen Heiligen entgegengehen, wenn er kommt in Herrlichkeit.

Effata-Ritus

An dieser Stelle kann der Effata-Ritus eingefügt werden.

Zelebrant: N., der Herr lasse dich heranwachsen, und wie er mit dem Ruf „Effata" dem Taubstummen die Ohren und den Mund geöffnet hat, öffne er auch dir Ohren und Mund *(hier berührt der Zelebrant Ohren und Mund des Kindes)*, dass du sein Wort vernimmst und den Glauben bekennst zum Heil der Menschen und zum Lobe Gottes.

Abschluss

Vaterunser und Segen

Eine Sprache, die alle Christen verstehen

Die Symbole der Taufe

Symbole sind Zeichen, die etwas verdeutlichen wollen, was man eigentlich nicht sehen kann oder was nur schwer auszudrücken ist. Wer einem anderen eine Rose schenkt, sagt damit: „Du bist mir wertvoll, ich mag dich gern." In der Taufliturgie gibt es viele Symbole. Sie erzählen uns von der Zuneigung Gottes.

Kreuzzeichen

An einem Kreuz wurde Jesus hingerichtet. Er versöhnte die Welt mit Gott. Aus dem Tod Christi entstand neues Leben, ewiges Leben, Leben für alle – das ist das Geheimnis des christlichen Glaubens. Während der Taufzeremonie bezeichnen der Täufer, die Eltern und Paten die Stirn des Kindes mit dem Kreuzzeichen.

Dieses Symbol des Segens können Mutter und Vater dem Kind auch zu Hause jeden Tag mit auf den Weg ins Leben geben.

Licht

Dunkelheit macht den Menschen Angst. In einem finsteren Keller sind wir froh, mindestens eine kleine Taschenlampe bei uns zu haben. Manche Menschen empfinden das ganze Leben als schwarze Nacht, wenn sie schlimme Dinge erleiden müssen. Da sagt Jesus: „Ich bin das Licht der Welt. Ich mache eure Dunkelheit hell. Ihr braucht keine Angst zu haben."
In jeder Osternacht wird feierlich eine große Osterkerze entzündet, die als Symbol für den auferstandenen Christus ihr Licht spendet. An

dieser Kerze entzündet man bei der Taufe die Taufkerze. Sie begleitet einen Christen sein ganzes Leben lang und leuchtet am Geburts- und Namenstag, zur Erstkommunion und Hochzeit.

Weißes Kleid

Erst alle Farben zusammen ergeben das weiße Licht. Weiß ist die Farbe der Freude und der Reinheit. Täuflinge, Kommunionkinder und Bräute tragen weiße Kleider.

Wasser

Ohne Wasser ist kein Leben möglich: Pflanzen, Tiere und Menschen brauchen Wasser. Aber es stillt nicht nur den Durst: Wir waschen uns und unsere Kleider damit. Schließlich macht es Spaß, darin zu baden und zu schwimmen. Wasser ist ein Symbol für das Leben und für die Reinigung. Gott schenkt uns das Leben. Er wird alles wegnehmen, was uns von ihm trennt. Uns trennt von Gott die Schuld. Die Vergebung der Schuld ist wie eine Reinigung der Seele. Das Symbol Wasser verdeutlicht bei der Taufe, dass Gott das Leben schenkt.

Das Taufbecken steht meistens in der Nähe des Eingangs der Kirche. Hier wird die Taufe vollzogen. Der Abstand zum Zentrum der Kirche, dem Altarraum, soll zeigen: Noch gehört der ungetaufte Mensch nicht zur Gemeinschaft der Christen; ist er aber aufgenommen worden, wird er zur Mitte geführt. Immer wenn wir mit Weihwasser das Kreuzzeichen machen, erinnern wir uns an das Geschenk und die Verantwortung der Taufe.

Öl

In alter Zeit waren duftende Öle und Salben schwierig herzustellen und deswegen besonders wertvoll. Die meisten Öle wurden zum Essen gebraucht und es war etwas Außergewöhnliches, sie zum Einreiben zu verwenden. Daher galt eine Salbung mit Öl als ein heiliges Zeichen, das jeder verstand: Wer König oder Prophet werden sollte, dem wurde Öl auf den Kopf gegossen. Das sollte ausdrücken: „Du bist jetzt nicht mehr irgendein Mensch, sondern von Gott selbst zu deinem Dienst aufgerufen. Du handelst im Auftrag Gottes."

Einer tat alles im Namen Gottes: Jesus. Das griechische Wort „Christus" heißt übersetzt: „der Gesalbte".

In unserer Liturgie spielt die Salbung immer noch eine Rolle. Bei der Taufe zeigt das Symbol der Salbung mit Chrisam, dem heiligen Öl: „Gott hat mich gesalbt. Ich gehöre zu Christus, dem Priester, König und Propheten." Gott schenkt den Menschen große Würde. Die Gesalbten macht er – wie Christus selbst – zu Priestern, Königen und Propheten. Jeder Christ ist aufgerufen, das Evangelium in seinem Leben weiterzusagen, die Frohe Botschaft weiterzugeben.

„Unsere Feier soll unverwechselbar sein"

Vorschläge für Taufsprüche, Fürbitten, Texte und Lieder

Für die Gestaltung der Tauffeier finden Sie im Folgenden einige Vorschläge für Taufsprüche und Fürbitten, eine Auswahl von Kurztexten und Zitaten sowie Liedvorschläge. Die Bibelsprüche, die kurzen Texte und Zitate können Sie auch für die Einladung zur Taufe verwenden.

Aus der Schrift

Exodus 23,20	Ich sende einen Engel vor dir her, der dich auf deinem Weg behütet.
Jesaja 40,31	Die auf den Herrn vertrauen, schöpfen neue Kraft, dass sie auffahren mit Flügeln wie Adler, dass sie laufen und nicht matt werden.
Jesaja 43,1	Ich habe dich beim Namen gerufen, du gehörst mir.
Psalm 36,10	Denn bei dir, Herr, ist die Quelle des Lebens, und in deinem Licht sehen wir das Licht.
Psalm 91,11	Der Herr hat seinen Engeln befohlen, dass sie dich beschützen auf allen Wegen.
Psalm 127,3	Kinder sind eine Gabe des Herrn, die Frucht des Leibes ist sein Geschenk.
Psalm 139,5	Von allen Seiten umgibst du mich und hältst deine Hand über mir.
Johannes 8,12	Ich bin das Licht der Welt. Wer mir nachfolgt, der wird nicht wandeln in der Finsternis, sondern wird das Licht des Lebens haben.
Römer 8,28	Wir wissen, dass Gott bei denen, die ihn lieben, alles zum Guten führt.
Römer 12,12	Seid fröhlich in der Hoffnung, geduldig in der Trübsal, beharrlich im Gebet!

1 Korinther 13,13	Für jetzt bleiben Glaube, Hoffnung und Liebe, diese drei; doch am größten unter ihnen ist die Liebe.
Galater 5,22	Die Frucht des Geistes ist Liebe, Freude, Frieden, Geduld, Freundlichkeit, Güte und Treue.
1 Johannes 3,1	Seht, wie groß die Liebe ist, die der Vater uns geschenkt hat: Wir heißen Kinder Gottes und wir sind es.

Fürbitten

Mit unserem Dank und unseren Bitten kommen wir zu Gott, der uns wie ein guter Vater und eine fürsorgliche Mutter liebt. – Auf die Anrufung „Du bist unsere Freude!" antworten wir: „Schenke deinen Segen!"

Gott, du bist unsere Freude. Wir danken dir für [Name]. Lass sie/ihn alle Tage deine Nähe erfahren. – Du bist unsere Freude!
Alle: Schenke deinen Segen!

Gott, wir freuen uns, dass es dieses Kind gibt. Gewähre den Eltern [Geschwistern] und Paten Hingabe, Geduld und Ausdauer, es auf dem Weg ins Leben zu begleiten. – Du bist unsere Freude!

Gott, wir nehmen das neugetaufte Kind in unsere Gemeinschaft auf. Weite uns Herz und Sinne, damit wir erkennen, wie wir ihm zur Seite stehen können. – Du bist unsere Freude!

Gott, wir denken an alle Kinder, die niemanden haben, die arm sind und leiden. Erwecke in uns Fantasie, wie wir am Aufbau einer besseren Welt mitwirken können. – Du bist unsere Freude!

Gott, wir sind durch die Taufe deine Kinder geworden. Entzünde in uns immer wieder neu das Feuer des Glaubens. – Du bist unsere Freude!

Gott, wir erahnen die tiefsten Sehnsüchte unserer Seele. Stille du unseren Hunger nach Heilung, nach Sinn, nach Liebe. – Du bist unsere Freude!

Gott, wir wissen uns verbunden mit allen Gläubigen, die dich bekennen. Beglücke uns alle mit deiner Gegenwart in dieser Welt. – Du bist unsere Freude!

So bitten wir unseren Gott in dieser Stunde. Die Freude über das junge Leben gibt Zuversicht. Möge Gott uns begleiten auf allen Wegen, dass wir Frieden finden bei ihm und in der Welt, in der wir zu Hause sind.

Stimmen des Glaubens

Welch Geheimnis ist ein Kind! Gott ist auch ein Kind gewesen.
Weil wir Gottes Kinder sind, kam ein Kind, uns zu erlösen.
Welch Geheimnis ist ein Kind! Wer dies einmal je empfunden,
ist den Kindern durch das Jesuskind verbunden.
Clemens Brentano

Nun schreib ins Buch des Lebens, Herr, ihre Namen ein,
und lass sie nicht vergebens dir zugeführet sein.
Melchior Vulpius

Kurz gesagt

Mit einer Kindheit voll Liebe
kann man ein ganzes Leben lang aushalten.
Jean Paul

Solange die Kinder klein sind, gib ihnen Wurzeln.
Sind sie älter geworden, gib ihnen Flügel.
Sprichwort aus Indien

Du bist zeitlebens für das verantwortlich,
was du dir vertraut gemacht hast.
Antoine de Saint-Exupéry

Kinder sind eine Brücke zum Himmel.
Sprichwort aus Persien

Jedes Kind, jeder Mensch ist ein eigenes Land.
Sprichwort aus Tansania

Die Lebenszeit ist ein Kind, das mit den Murmeln spielt.
Königreich des Kindes.
Heraklit, griechischer Philosoph, 6. Jahrhundert v. Chr.

Zum Weiterdenken

Mein Reis'gefährt', willkommen!
Als deine Mutter dich gebar,
Gelauert hab ich an der Tür
Auf dein Geschrei, und für und für
Gebetet und gelesen.

Und kam's Geschrei – nun marsch, hinein!
„Du kleines liebes Kindelein,
Mein Reis'gefährt', willkommen!"
Und habe dich denn weich und warm
Zum erstenmal in meinen Arm
Mit Leib und Seel genommen.

Wie bist du, lieber Reis'gefährt',
In deinen Windeln mir so wert!
O werde nicht geringer!

Du Mutter, lehr das Kindlein wohl!
Und wenn ich wiederkommen soll,
So pfeif nur auf dem Finger.
Nach Matthias Claudius

Lob der Zartheit

Der Mensch ist weich und zart, wenn er geboren wird;
wenn er gestorben ist, ist er steif und starr.
Gräser und Bäume sind biegsam und zart,
wenn sie das Licht der Welt erblicken;
wenn sie tot sind, sind sie dürr und trocken.
Darum ist das Harte und Starre dem Tode nahe,
das Zarte und Nachgiebige ist dem Leben nahe.
Darum wird eine starke Armee keine Schlacht gewinnen;
ein starker Baum wird gefällt werden.
Das Starke und Harte wird unterliegen,
das Weiche und Zarte wird siegen.

Laotse, chinesischer Weisheitslehrer, 4. Jahrhundert v. Chr.

Liedvorschläge für die Tauffeier

GL = Gotteslob 2013, allgemeiner Teil bzw. Diözesananhänge
mL = modernes Lied, je nach Liederbüchern der Pfarrgemeinden

Segne dieses Kind und hilf uns, ihm zu helfen (GL 490)
Kind, du bist uns anvertraut (GL-Diözesananhänge)
Ich bin getauft und Gott geweiht (GL 491)
Fest soll mein Taufbund immer stehn (GL-Diözesananhänge)
Du, Herr, gabst uns dein festes Wort (mL)
Unser Leben sei ein Fest (mL)
Liebe ist nicht nur ein Wort (mL)
Jauchzet, ihr Himmel, frohlocket (GL 251)
Komm, Heilger Geist, der Leben schafft (GL 342)
Lobe den Herren, den mächtigen König (GL 392)
Nun danket alle Gott (GL 405)
Wenn einer sagt: Ich mag dich, du (mL)
Komm, Herr, segne uns (GL 451)
Maria, breit den Mantel aus (GL 534 bzw. Diözesananhänge)

Frohes Zusammensein

Anregungen für das Fest zu Hause

Zu Hause wird ein Fest gefeiert: Alle essen und trinken und sind dabei fröhlich. Alle haben ein Geschenk für das neugetaufte Kind und viele gute Wünsche für seinen Lebensweg. Der Pate hält vielleicht eine kleine Rede. Über Leben und Wirken des Namenspatrons kann etwas vorgelesen werden.

Taufalbum

Natürlich wird man ein Foto machen vom Täufling mit seinen Eltern und Paten. Die Bilder können in ein Taufalbum geklebt werden, in dem auch eine Gästeliste zum Unterschreiben Platz hat.

Wünsche-Karten

Eine wertvolle Erinnerung wird einmal sein, wenn alle Anwesenden auf vorgefertigte Kärtchen gute Wünsche schreiben. Man kann sie an einen Strauch hängen. Die Karten werden gesammelt, und ist der Getaufte groß geworden, wird er diese Zeilen sicher dankbar und bewegt lesen.

Taufkerze

 Auf dem Ehrenplatz der Kaffeetafel steht die Taufkerze. Sie brennt auch später zu wichtigen Anlässen. Besondere Aufmerksamkeit erhält diese Kerze, wenn sie selbst gestaltet wurde. Das ist im Grunde ganz einfach. Man benötigt eine weiße Kerze und Plattenwachs. Daraus kann man die Buchstaben für den Namen, das Datum der Taufe und Symbole ausstechen, etwa ein Kreuz, eine Blume, den Lebensbaum, Wellen für das Wasser, eine Sonne oder einen Regenbogen.

Woran ist zu denken?

Checkliste

- Geeignete Taufpaten aussuchen.

- Die Taufe im Pfarrbüro anmelden.
  Dazu das Stammbuch mitbringen.

- Den Termin für das Taufgespräch mit dem Seelsorger festmachen.

- Den Termin für die Taufe absprechen.

- Gästeliste erstellen.

- Einladungen aussprechen oder verschicken.

- Eventuell einen Beitrag für die Taufe beisteuern
  (Lied aussuchen oder Fürbitte formulieren).

- Ein Taufkleid besorgen oder schneidern.

- Eine Taufkerze besorgen oder basteln.

- Erinnerungsfoto nach dem Gottesdienst machen.

- Kaffeetafel zu Hause vorbereiten.

- Eventuell Danksagungen – mit einem Foto des Täuflings –
  verschicken.

- Die Taufurkunde sicher verwahren.

Dein Leben, noch so kurz an Tagen, birgt so viel Unbekanntes:
Es liegt vor dir wie ein schneebedecktes Feld,
über das noch niemand gegangen ist.
Es steckt voller Überraschungen, wie eine Wundertüte.
Es gleicht einem ungelesenen Buch,
von dem du kaum die erste Seite kennst.
Erst am Ende wirst du sagen können, ob es ein gutes Leben war.

Was aber macht das Leben gut?
Nur Ferientage?
Sie würden dir mit der Zeit langweilig werden.
Nur Sonnentage?
Du würdest irgendwann Wind und Regen,
Schnee und Kälte vermissen.
Nur Tage, an denen alle deine Wünsche erfüllt werden?
Die Ziele würden dir fehlen.
Ein Ziel zu erreichen macht froh.

In deinem Leben wird sich vieles wandeln.
Manches wirst du planen können,
anderes wird ungefragt geschehen.
Du wirst umziehen, Freunde finden und verlieren,
krank werden und wieder gesund.
Es wird Tränen geben, hoffentlich auch vor Lachen!

Nutze nicht jede Chance zum Streit, aber jede zum Frieden.
Freue dich über freie Zeit zum Spielen, Musik-Hören und Faulenzen.
Nichts Gutes ist selbstverständlich.
Jeden Tag soll dir ein Tisch gedeckt,
jede Nacht ein Bett für dich gemacht sein.
Was auch immer geschieht:
Immer möge jemand dich erwarten, dem du vertrauen kannst.

Gott soll eine schützende Hand über dich halten,
und du sollst das spüren in deinem Leben, jeden Tag.
Georg Schwikart

Eine Gabe zur Taufe

von ....

geboren am ....

in ....

getauft am ....

in der Kirche ....

in ....

durch ....

Die Eltern ....

und Paten ....

wollen nach bestem Vermögen dazu beitragen,
dem Kind den lebendigen Gott nahezubringen.

....
Unterschrift